LIGUE CONTRE L'ATHÉISME

CONFÉRENCES. — N° 20.

A PROPOS

DE

LOUIS PASTEUR

Conférence donnée à la Ligue contre l'Athéisme le 21 décembre 1895

Par M. le Pasteur FOURNEAU

PARIS

JOSEPH ANDRÉ ET Cie
LIBRAIRES-ÉDITEURS
27, RUE BONAPARTE, 27

1896

A PROPOS

DE

LOUIS PASTEUR

CONFÉRENCE DONNÉE A LA LIGUE CONTRE L'ATHÉISME
LE 21 DÉCEMBRE 1895

Par M. le Pasteur FOURNEAU

I

Mesdames et Messieurs,

Le 5 octobre 1895, la moitié de Paris s'était dérangée de ses occupations pour suivre ou apercevoir le convoi funèbre de M. Pasteur, qui ne fut pas seulement un homme de génie, mais fut encore un bienfaiteur de l'humanité, ce que tant d'hommes de génie ne furent jamais. A la fois grand chimiste, écrivain distingué, Pasteur fut de plus un vrai philosophe au sens le plus complet du mot. A ces divers points de vue, il s'est placé au premier rang des « grands de l'esprit » comme eût dit Pascal, avec qui il eut tant de points de ressemblance.

M. Louis Pasteur n'appartenait pas par la naissance à ce qu'on appelle l'élite sociale. Il est, au contraire, l'un des hommes qu'on peut le mieux donner en exemple à ceux, qui, jalousant certaines situations, s'imaginent que tout progrès individuel et tout avancement dans un ordre quelconque, ne sont dus qu'à la faveur, aidant plus que la valeur réelle au succès de certaines personnalités.

Certes, rien d'autre que le travail acharné et le génie mis en œuvre n'amena Pasteur à la haute position qu'il se fit de bonne heure dans le monde de la pensée et de la science. Bien que, depuis sa mort, la presse entière ait rappelé les origines de ce grand homme, beaucoup de gens encore les ignorent ; aussi les rappellerai-je tout d'abord en quelques mots.

Louis Pasteur naquit dans la modeste maison d'un petit tanneur d'Arbois (Jura). Sa famille peu fortunée n'avait guère que son travail pour vivre. Aussi, dès l'âge de dix-huit ans, ce jeune homme, dont l'avenir apparaissait déjà à ses professeurs comme devant être brillant, fut-il obligé, pour subvenir aux frais de ses études, de songer à se procurer les moyens d'existence, qui lui permissent de continuer à travailler sans être à la charge de sa famille. Ce fut dans la situation la plus humble de l'enseignement, celle de maître d'études dans un petit collège communal, qu'il chercha les ressources nécessaires à sa vie. Si Cormenin a pu dire de M. Thiers qu'il n'avait pas été bercé sur les genoux d'une duchesse, la même parole est merveilleusement applicable à Louis Pasteur.

Grâce aux loisirs que lui faisaient ces fonctions, Pasteur put continuer à développer les aptitudes que ceux qui l'avaient connu enfant signalaient déjà en lui. Entré à vingt et un ans à l'Ecole normale supérieure dans la section des sciences, il s'y fit remarquer de suite comme un homme de grand avenir. Travailleur acharné, il fit son chemin tout seul, par la culture intensive des aptitudes exceptionnelles de son esprit, dont il sut ne négliger aucune.

Protégé par son seul génie, sans recommandation autre que celle des notes supérieures de ses maîtres, Pasteur était reçu agrégé des sciences à 24 ans, à la sortie de l'Ecole normale. Bientôt il obtenait le titre de docteur ès-sciences, et devenait, à trente-cinq ans, directeur des études scientifiques à l'Ecole normale qu'il avait quittée à peine onze ans auparavant : à l'âge auquel la plupart des hommes distingués commencent à peine à se faire connaître, il avait atteint le point culminant des fonctions universitaires et établi pour toujours à la rue d'Ulm son laboratoire, d'où devaient sortir tant de magnifiques présents faits par son génie à l'industrie, à la médecine, à l'agriculture et à l'humanité tout entière.

Les honneurs scientifiques ne pouvaient manquer de pleuvoir sur lui, qui ne les recherchait guère. Toutes les académies et universités d'Europe s'honoraient de le compter au nombre de leurs membres étrangers. L'Institut de France lui ouvrit de bonne heure toutes ses portes : membre de l'Académie des sciences tout d'abord, Pasteur fut presque en même temps nommé membre de l'Académie de médecine. Lorsque l'Académie française l'appelait enfin à prendre rang au milieu d'elle, ce ne fut pas seulement l'homme illustre qu'elle élisait, c'était aussi l'écrivain éminent qui savait orner des magnificences d'une langue admirable les splendeurs de la science la plus profonde. Philosophe en même temps que savant de génie et écrivain de race, Pasteur sut s'élever aux hauteurs sublimes du spiritualisme le plus pur, et les exprimer dans un merveilleux langage.

C'est ainsi que s'explique cette nomination de Pasteur à l'Académie française qui surprit quelques esprits superficiels, peu renseignés sur les diverses aptitudes de l'illustre chimiste. Sans avoir fait une étude spéciale de la philosophie, il a gravi les plus grandes hauteurs de la pensée, de même que, sans prétentions littéraires, sa plume a trouvé tout naturellement le grand style de l'écrivain scientifique.

Quelqu'un s'extasiait un jour devant cette beauté de style du discours de réception de Pasteur à l'Académie française : « Quoi d'étonnant en cela, dit un ancien normalien littéraire, Pasteur est passé par l'Ecole normale ; on a gardé là et on y apprend toujours l'art de bien écrire. » Ce normalien avait raison, les belles traditions de la langue française se sont conservées à l'Ecole normale, et si l'on y apprend à penser, on y sait aussi rendre sa pensée avec pureté, clarté et logique. L'Ecole normale sous ce rapport nous console des élucubrations de tant de jeunes écrivains qui, ne sachant pas penser, savent encore moins écrire.

Les honneurs sociaux n'avaient pas préoccupé Pasteur davantage que les honneurs de la science. Il les eut tous cependant : ils vinrent le chercher, lui qui ne les recherchait en aucune façon : Grand'Croix de la Légion d'honneur, et décoré d'un grand nombre d'ordres étrangers, le modeste savant ne s'en fit jamais gloire. Semblable en cela à ses ancêtres scientifiques et littéraires, dont son génie suivait les traces, Pasteur n'eut jamais en vue que l'honneur de la science ; la dignité morale de son caractère s'opposait à ces compromissions déplorables auxquelles trop souvent des hommes distingués ont eu la faiblesse de sacrifier leur véritable grandeur et jusqu'à leur génie.

« Qu'a besoin Bénigne d'être cardinal ? » a dit La Bruyère, en parlant de Bossuet. Qu'avait besoin Pasteur de tous les hochets qu'ambitionnent les esprits vulgaires ? N'avait-il pas assez de son génie ? Bien avant sa mort il était déjà devenu plus qu'immortel ; dès maintenant, s'il est la gloire de notre patrie française, dans le domaine de la science il est devenu un homme Européen. Le monde entier, au jour de ses funérailles, s'était uni à la France pour déplorer la perte de cet homme unique, qui, au XIXe siècle, est certainement l'un des plus grands que la France ait donnés à l'humanité.

II

Ce que Pasteur a fait, tout le monde le sait. Il a dompté le mal sous toutes les formes par lesquelles il s'attaque à la vie humaine. Cette théorie des fermentations qu'il a formulée a transformé la science médicale humaine et animale, amené la guérison de la maladie du ver à soie, de la clavelée des moutons ; elle a assuré, par l'antisepsie introduite dans la chirurgie, le succès d'opérations jusque-là réputées si dangereuses que plus d'un chirurgien n'osait les entreprendre ; c'est à la théorie microbienne, reléguant dans les limbes du passé celle des générations spontanées, que sont dues ces découvertes si précieuses des sérums antirabique et antidiphtérique qui ont déjà sauvé tant de vies humaines, triom-

phé de la rage horreur de tous, et du croup désespoir des
mères. N'est-ce pas, en effet, à la suite du succès de la vacci-
nation antirabique, que MM. Roux et Behring, ayant constaté
que l'inoculation du virus rabique atténué enrayait le déve-
loppement de l'hydrophobie, entreprirent d'appliquer les principes de leur illustre maître à la diphtérie et découvrirent le
sérum antidiphtérique.

Comme il était doux d'entendre cette foule, attendant avec
patience le passage du cortège funèbre de Pasteur, parler avec une sympathie respectueuse de ce grand mort, que
la plupart n'avaient jamais vu, dont ils ne pouvaient appré-
cier le génie, et qu'ils honoraient comme un des grands bien-
faiteurs de la société. Cet hommage, ne vaut-il pas bien plus
que les hourras frénétiques poussés au passage de quelqu'un
de « ces grands de chair », comme dit Pascal, si inférieurs
aux grands de l'esprit ? Entre Alexandre et Platon, le choix de
l'humanité n'est pas douteux : quant à moi, le vainqueur de
Darius me paraît sans discussion bien inférieur à Platon. Entre
Napoléon et Pasteur, si je fais la comparaison, c'est Pasteur qui
est le plus grand. Ces grands de chair, l'histoire raconte leurs
grandes actions et souvent les maudit à juste titre. Les grands
de l'esprit, au contraire, ont fait progresser l'humanité ; ils
lui ont été utiles, elle les bénit et les pleure !

Ainsi en sera-t-il de Pasteur entré désormais dans l'immor-
talité. Son nom est dès maintenant inscrit à côté de celui des
plus grands hommes de l'histoire scientifique. Dans quelques
siècles, quand on énumérera les noms des plus vastes génies,
après les Newton, les Képler, les Copernic, les Lavoisier,
après les Descartes, les Leibnitz et tant d'autres, le nom de
Pasteur au XIXe siècle viendra tout naturellement à l'esprit,
et la France l'accouplera fièrement à celui de Pascal au XVIIe.

III

Quand on étudie de près ces deux hommes, on leur trouve,
comme je l'ai déjà dit, plus d'un trait de frappante ressem-

blance. Tous deux, hommes de génie, furent dans la science
de magnifiques initiateurs, tous deux furent de profonds philosophes. Pascal est, au su de tout le monde, un des maîtres
non seulement de la langue française, mais aussi de la langue
humaine ; Pasteur, dans le domaine scientifique, est l'un de
ceux qui ont le mieux écrit en une langue pure et précise, sans
rabaisser jamais à des formes banales ou de vague poésie les
choses les plus hautes que l'esprit humain puisse étudier.
L'Académie du XVII⁰ siècle ne s'est pas honorée du nom de
Pascal qu'elle n'appela jamais dans son sein : elle n'avait pas
élu non plus Descartes et Molière. A la mort de Littré, Renan,
fut chargé, lui le grand styliste, le dilettante de l'idée autant
que de la forme, le sceptique railleur, de répondre à Pasteur
que ses parrains introduisaient à l'Académie française. Ce fut
une chose singulière de voir en présence ces deux esprits si
différents de pensée dans leur recherche et leur estime de la
vérité. Renan, avec toute la magie de sa phrase harmonieuse, rend hommage à Pasteur ; il explique par le génie
le choix que l'Académie a fait du grand chimiste, qui prend
séance pour la première fois avec ses immortels confrères.
Lui, pour qui la vérité est une grande coquette qui ne se
révèle pas à tout le monde, se trouve en présence du scrutateur austère de la vérité scientifique, pour qui la vérité vient
de Dieu, forme suprême de l'idéal. Permettez-moi, Messieurs,
de vous lire la merveilleuse entrée en matière du Discours de
Renan avant de vous montrer en Pasteur le grand philosophe
qu'il fut, quoi qu'on en ait dit et qu'en ait pensé, peut-être,
Renan lui-même.

Ainsi s'exprime Renan :

« Monsieur, nous sommes bien incompétents pour louer ce
qui fait votre gloire véritable, ces admirables expériences par
lesquelles vous atteignez jusqu'aux confins de la vie, cette
ingénieuse façon d'interroger la nature qui tant de fois vous a
valu de sa part les plus claires réponses, ces précieuses découvertes qui se transforment chaque jour en conquête de premier ordre pour l'humanité. Vous répudieriez nos éloges, habi-

tué que vous êtes à n'estimer que les jugements de vos pairs, et, dans les débats scientifiques que soulèvent tant d'idées neuves, vous ne voudriez pas voir des appréciations littéraires se mêler aux suffrages des savants que rapproche de vous la confraternité de la gloire et du travail. Entre vous et vos savants émules nous n'avons point à intervenir. Mais, en dehors du fond de la doctrine, qui n'est point de notre ressort, il est une maîtrise, Monsieur, où notre pratique de l'esprit humain nous donne le droit d'émettre un avis. Il y a quelque chose que nous savons reconnaître dans les applications les plus diverses ; quelque chose qui appartint au même degré à Galilée, à Pascal, à Michel-Ange, à Molière ; quelque chose qui fait la sublimité du poète, la profondeur du philosophe, la fascination de l'orateur, la divination du savant. Cette base commune de toutes les œuvres belles et vraies, cette flamme divine, ce souffle indéfinissable qui inspire la science, la littérature et l'art, nous l'avons trouvé en vous, Monsieur, c'est le génie. Nul n'a parcouru d'une marche aussi sûre les cercles de la nature élémentaire ; votre vie scientifique est comme une traînée lumineuse dans la grande nuit de l'infiniment petit, dans ces derniers abîmes de l'être où naît la vie. »

Puis, après avoir analysé merveilleusement les travaux de Pasteur, le spirituel écrivain en vient à toucher de sa plume légère la question de la vérité scientifique comparée aux autres formes de la vérité : « Que vous êtes heureux, Monsieur, de toucher ainsi par votre art aux sources mêmes de la vie ! Admirables sciences que les vôtres, rien ne s'y perd. Vous aurez inséré une pierre de prix dans les assises de l'édifice éternel de la vérité. Parmi ceux qui s'adonnent aux autres parties du travail de l'esprit, qui peut avoir la même assurance ? »

On ne peut plus aisément, et avec plus de grâce, mettre en doute la possibilité pour le philosophe d'arriver à la vérité. Renan est tout entier dans cette phrase, et on y reconnaît bien ce fonds de scepticisme qui fut toujours le plus clair de sa pensée.

Mais Pasteur appartenait à une autre école philosophique que Renan, il était de celle de Pascal : il convient donc d'achever maintenant la comparaison que j'ai commencée entre Pasteur et Pascal.

Ce qui les caractérise, en effet, tous les deux à deux cents années de distance, c'est que, étant d'un génie égal et presque du même ordre, Pascal et Pasteur furent des spiritualistes convaincus. Pascal a estimé par-dessus tout le christianisme dont il fut en son temps le plus puissant apologiste ; Pasteur s'est glorifié en pleine académie de croire à la Providence de Dieu et à son action dans le monde. Il a professé son respect de la vérité qui vient de Dieu, avec la même assurance qu'il avait énoncé les vérités physiques mises par lui en une si magnifique évidence. Quelle belle page que celle dans laquelle, à propos du positivisme de Littré, il expose et proclame sa croyance à l'infini, dont l'idée de Dieu est la forme parfaite et certaine pour toute âme d'homme à la poursuite de cet idéal supérieur réalisé pour elle dans la foi au créateur.

Je ne puis résister au désir de vous lire ce passage admirable de pensée et de forme littéraire. Excusez-moi si cette citation est un peu longue, mais si longue soit-elle, elle correspond trop bien au but poursuivi par la ligue contre l'Athéisme, qui m'a fait l'honneur de m'inviter à vous donner cette conférence, pour que je puisse consentir à l'abréger. Ainsi s'exprime M. Pasteur :

« Littré a défini ainsi le positivisme envisagé au point de vue pratique : « Je nomme positivisme tout ce qui se fait dans la société pour l'organiser suivant la conception positive, c'est-dire, scientifique du monde.

« Je suis prêt à accepter cette définition, à la condition qu'il en soit fait une application rigoureuse ; mais la grande et visible lacune du système consiste en ce que, dans la conception positive du monde, il ne tient pas compte de la plus importante des notions positives, *celle de l'infini*.

« Au delà de cette voûte étoilée, qu'y a-t-il ? De nouveaux cieux étoilés. Soit ! Et au delà ? L'esprit humain, poussé par une force invincible, ne cessera jamais de se demander : Qu'y a-t-il au delà ? Veut-il s'arrêter, soit dans le temps, soit dans l'espace ? Comme le point où il s'arrête n'est qu'une grandeur finie, plus grande seulement que toutes celles qui l'ont précédée, à peine commence-t-il à l'envisager que revient l'implacable question et toujours sans qu'il puisse faire taire sa curiosité. Il ne sert de rien de répondre : Au delà sont des espaces, des temps ou des grandeurs sans limites. Nul ne comprend ces paroles. Celui qui proclame l'existence de l'infini, et *personne ne peut y échapper*, accumule dans cette affirmation *plus de surnaturel qu'il n'y en a dans tous les miracles de toutes les religions* ; car la notion de l'infini a ce double caractère de s'imposer et d'être incompréhensible. Quand cette notion s'empare de l'entendement, il n'y a qu'à se prosterner. Encore à ce moment de poignantes angoisses, il faut demander grâce à la raison : tous les ressorts de la vie intellectuelle menacent de se détendre : on se sent prêt d'être saisi par la sublime folie de Pascal. Cette notion positive est primordiale, le positivisme l'écarte gratuitement, elle et toutes ses conséquences, dans la vie des sociétés.

« La notion de l'infini, dit encore Pasteur, j'en vois partout l'inévitable expression. Par elle, le surnaturel est au fond de tous les cœurs. L'idée de Dieu est une forme de l'infini. Tant que le mystère de l'infini pèsera sur la pensée humaine, des temples seront élevés au culte de l'infini, que le Dieu s'appelle Brahma, Allah, Jehovah ou Jésus. Et sur la dalle de ces temples vous verrez des hommes agenouillés, prosternés, abîmés dans la pensée de l'infini.... Où sont les vraies sources de la dignité humaine, de la liberté et de la démocratie moderne, sinon dans la notion de l'infini devant laquelle tous les hommes sont égaux.

« Il faut un lien spirituel à l'humanité, a dit M. Littré, faute de quoi il n'y aurait dans le monde que des familles isolées, des hordes et point de société véritable. » Ce lien spirituel, que Littré plaçait dans une *religion inférieure de l'humanité* ne saurait être ailleurs que dans la notion supérieure de l'infini, parce que ce lien spirituel doit être associé au mystère du monde. *La religion de l'humanité est une de ces idées d'une évidence superficielle* et suspecte qui ont fait dire à un psychologue d'un esprit éminent : « Il y a longtemps que je pense que celui qui n'aurait que des idées claires serait assurément un sot. Les notions les plus précieuses sont tout au fond de la scène et dans un demi-jour, et c'est autour de ces idées confuses, dont la liaison nous échappe que tournent les idées claires pour s'étendre, se développer et s'élever. Si nous étions coupés de cette arrière-scène, les sciences exactes elles-mêmes y perdraient cette grandeur qu'elles tirent de leurs rapports secrets avec d'autres vérités infinies que nous soupçonnons. »

« Les Grecs avaient compris la mystérieuse puissance de ce dessous des choses. Ce sont eux qui nous ont légué un des plus beaux mots de notre langue, le mot enthousiasme, — Théos — ou Dieu intérieur.

« La grandeur des actions humaines se mesure à l'inspiration qui les fait naître. Heureux celui qui porte en soi un Dieu, un idéal de la beauté et qui lui obéit, idéal de l'art, idéal de la science, idéal de la patrie, idéal de la vertu de l'Evangile ; ce sont-là les sources vives des grandes pensées et des grandes actions. Toutes s'éclairent des reflets de l'infini. »

Ne dirait-on pas, Messieurs, un commentaire de quelque sublime pensée de Pascal ? Quelle différence entre cette ferme affirmation et la vague incertitude du grand sceptique, sur la possibilité de posséder l'assurance des vérités métaphysiques. C'est précisément à cause de cette profondeur et de cette fermeté de sa croyance à l'infini que je vous ai parlé ce soir de Pasteur. Il est bon, en effet, à notre époque, de faire surgir devant nous, si souvent peu sérieux dans notre recherche de la vérité, la figure de ces hommes de génie qui ne se sont jamais départis de la foi au spiritualisme le plus élevé.

IV

Ne croyez pas, Messieurs, que Pascal et Pasteur soient les seuls savants qui se soient préoccupés de la pensée de l'infini, réalisée en l'idée de Dieu. En étudiant l'histoire des plus grands hommes dans le domaine des choses de l'esprit, et en particulier la vie de ceux qui ont daté de leur nom les grandes époques de la science, ce qui m'a frappé le plus, c'est qu'ils furent presque tous des croyants, et quelques-uns même des hommes profondément religieux. On s'évertue à dire et à répéter que la science exclut la foi ; comment donc se fait-il que les plus vastes génies aient cru en Dieu et méprisé comme une faiblesse et une folie l'athéisme ? Newton était un chrétien sincère ; Leibnitz aussi était croyant, et même, si l'on pressait le sens de son optimisme, on verrait bien vite que ce grand philosophe appuyait la défense de son système sur la foi intérieure de son âme à la Providence divine. Descartes, le père de la philosophie au XVIIᵉ siècle et l'initiateur de tous les progrès modernes de la pensée scientifique, posait à la base de tout son système la démonstration de l'existence de Dieu et de son action dans le monde. Cuvier, le grand naturaliste de la première moitié de notre siècle, s'est fait gloire toute sa vie de croire en Dieu et à la Providence qui règle les mouvements du monde et les agissements humains tout autant que la vie des êtres divers qui peuplent la terre. Le grand Ampère, dont la science a révolutionné le monde par la découverte des principes de la télégraphie électrique, lui aussi, était une âme pieuse, même tant soit peu dévote, ce qui peut-être ferait sourire plus d'un de nos jeunes libres-penseurs, pris de pitié pour cette faiblesse d'un homme de génie.

C'est qu'en effet, comme nous le disait tout à l'heure Pasteur, l'idée de l'infini s'impose. Vouloir le nier est une folie. Le mot du vieux philosophe : Peu de science éloigne de Dieu, davantage de science y ramène — sera toujours vrai.

Ceci me rappelle un fait de ma jeunesse d'étudiant : j'allais parfois rue Antoine-Dubois, chez le docteur Auzoux ; tous les hommes de quarante à soixante ans ont entendu parler du Dr Auzoux, à l'occasion des leçons d'anatomie faites dans les lycées et dans les écoles supérieures d'après son homme artificiel. Un jour il me démontrait dans son cabinet l'anatomie humaine et disséquait devant moi pièce à pièce les muscles, les veines, les artères, le cerveau, la poitrine de son homme de carton-pierre. Tout d'un coup il me dit : « Voyez-vous, mon jeune ami, cette machine de carton-pierre, peut-être, sera un jour perfectionnée : qui sait, si, la chimie aidant, on n'arrivera pas à composer une substance presque identique à la chair humaine : mais après tout, ce ne sera jamais qu'une machine, il y manquera toujours la vie. N'est-il pas dit dans la Bible : « C'est moi l'Eternel qui suis le Maître de la vie et de la mort. » — Vous croyez cela ? lui dis-je. — Comment, si je le crois, me prenez-vous pour un imbécile? » C'était une nouvelle citation biblique : « L'insensé a dit dans son cœur, il n'y a point de Dieu », est-il dit dans un psaume.

Ce même docteur Auzoux, dans sa jeunesse, entendit Cabanis, qui, parce qu'il n'avait jamais trouvé l'âme, en fouillant le corps humain, concluait que l'âme n'existait pas. Entendant ce propos, le jeune Auzoux n'eut pas peur de répondre au grand anatomiste : « Rien d'étonnant à cela, vous n'avez jamais fouillé que des cadavres. » A quoi Cabanis n'eut rien à répliquer.

Encore une fois, Messieurs, l'infini s'impose à la pensée humaine, la remplit tout entière ; seule cette idée du divin agrandit les horizons de l'esprit, élève les sentiments du cœur et constitue les hommes vraiment forts. Dans cinquante ans, que restera-t-il de Renan ? Rien peut-être, presque rien sans doute. De Pasteur que restera-il ? Les découvertes qu'il a faites, les bienfaits multipliés par les corollaires que ses disciples auront déduits à leur tour de sa pensée scientifique : de plus, Messieurs, il restera cette page sublime que nous lisions ensemble à l'instant, et qui place Pasteur à la fois au rang des grands penseurs et des écrivains les plus distingués.

V

Mais, dira-t-on, il est des hommes qui ont chassé l'infini à la fois de leur esprit et de leur cœur. Pour eux tout est dans la vie matérielle. Rien de supérieur ne leur paraît nécessaire. Même s'il s'agit de l'infini, ils le déclarent inconnaissable et dès lors inutile à considérer. C'est le fonds de la doctrine positiviste. Cependant quand on étudie les négations dont ils se sont fait un système, quelque chose sonne faux dans leurs élucubrations, et souvent on les prend en flagrant délit de spiritualisme inconscient. C'était la mode, il y a vingt ans, d'afficher le positivisme le plus absolu. Littré, le prédécesseur de Pasteur à l'Académie, était l'un des chefs incontestés de ces doctrines désolantes qui rivent l'homme à la matière, quoique plus d'un positiviste ait réclamé contre le matérialisme qu'on leur attribuait. Aussi n'est-il pas étonnant de rencontrer chez Littré cette idée éminemment spiritualiste que ce qui caractérise le mieux l'homme est le progrès moral. Qui peut dire que le progrès moral puisse venir d'autre chose que du sens profond qu'on a de la moralité par l'action de la conscience ?

Qu'est-ce donc que la conscience, qui parle à l'homme avec tant de puissance qu'on ne saurait l'étouffer tout à fait ? N'est-ce pas elle qui met notre intelligence en contact direct avec ce qui est vrai, qui blâme ce qui est faux, qui contrecarre tout ce qui dans nos sentiments et dans nos actes est en difformité avec la droite raison ? N'est-ce pas elle qui dit à l'homme : Il ne t'est pas permis ? La conscience est la base même de toute idée et de toute vie morale, et Pascal l'a définie en cette parole lapidaire : « La conscience, c'est Dieu présent au cœur de l'homme ! » Ce mot profond est buriné dans la pensée humaine, on ne l'en effacera jamais ; cette conception de la conscience peut être voilée pour les esprits positivistes, elle n'en demeure pas moins. Si avant qu'un homme soit plongé dans la négation, il vient, parfois après de longs jours, une heure à laquelle l'acte de foi échappe à l'incroyant et triomphe en lui de l'esprit de système. Plus l'esprit d'un homme est élevé, plus son âme est profonde, à mesure qu'il gravit à plus grande hauteur, plus il se rapproche de Dieu comme malgré lui :

Malgré moi l'infini me tourmente ! disait Musset dans les vers sublimes de l'Espoir en Dieu, et Lamartine, dans une de ses plus belles méditations, ne pousse-t-il pas ce cri d'espérance :

> Borné dans sa nature, infini dans ses vœux,
> L'homme est un Dieu tombé qui se souvient des cieux !

Et dans un autre passage, le même poète ne dit-il pas encore :

> ... L'homme cherche au Ciel un Dieu qui lui réponde !

Littré, en affirmant que le progrès moral est une caractéristique de l'humanité, et que ce progrès moral consiste dans l'obéissance à la voix de la conscience, affirme du même coup la même pensée que les deux poètes que nous avons cités. Aussi ne faut-il point s'étonner qu'à la fin de sa vie, il ait pris contact, deux ans avant sa mort, avec l'idée religieuse, au grand scandale de l'incrédulité systématique.

Peut-être dira-t-on que Littré avait quatre-vingts ans, et que son esprit s'était affaissé. On ne saurait en dire autant de Pascal, mort à trente-neuf ans dans la plénitude de son génie. Les papiers trouvés dans ses manuscrits constituent ce qu'il a fait de plus grand. Ce petit livre des *Pensées*, un des plus magnifiques qu'ait conçus l'esprit humain, demeure à jamais aussi l'une des plus hautes manifestations de la foi chrétienne.

Pasteur, qui travaillait encore à l'âge de soixante-douze ans, n'avait que quarante ans, quand il découvrait la théorie des fermentations ; il avait à peine soixante ans, lors de sa réception à l'Académie française, devant laquelle il faisait profession en un si grand style du spiritualisme le plus élevé. Je ne sais s'il a saisi jusqu'au fond cette vérité divine à laquelle adhérait son puissant esprit : mais, Messieurs, qui serait plus capable de le faire que le fut Pasteur ?

En face de ces grands penseurs, ne devrait-on pas sentir le besoin de discuter sérieusement en soi-même la négation qu'on accepte trop facilement, et les affirmations pleines de réalité qu'on essaie de bannir de sa pensée et auxquelles il faut absolument revenir pour entrer dans la voie du progrès moral ?

La jeunesse est presque toujours superficielle dans l'examen qu'elle fait des plus grandes questions. Elle se fait souvent l'écho de ce qu'elle entend, et s'imagine devoir faire chorus avec ceux qui l'entourent et jettent dans son esprit la semence de toutes les négations. Entraînée par les passions, la jeunesse cherche souvent, dans des négations aussi superficielles que son esprit, une excuse à la dégradation morale. Ainsi s'étiole en elle, en même temps que le sens moral, la force intellectuelle elle-même.

Ainsi ne firent jamais les grands hommes, dont nous parlions tout à l'heure, les Pascal, les Ampère, les Cuvier. Ainsi non plus ne fit Pasteur. Les hautes études auxquelles s'appliquèrent tout jeunes ces esprits supérieurs, les préservèrent des aberrations du cœur et de la pensée.

Pascal qui inventait la géométrie à douze ans, qui écrivait à seize le traité des coniques, qui avait épuisé, à vingt-trois ans, la série des sciences connues alors, n'eut guère, que je sache, de temps à perdre dans les plaisirs, qui énervent le corps et tuent l'esprit. Pasteur non plus : dans les travaux qu'il accomplissait déjà à vingt-quatre ans, il trouvait en même temps le plus noble plaisir, et l'élévation de son âme.

C'est ainsi, Messieurs, que s'explique la noblesse de vie, qu'ils surent garder toujours, et la sublimité de pensée à laquelle ils sont parvenus.

VI

Il y a, Messieurs, dans les recherches philosophiques et scientifiques une immense satisfaction de l'esprit : L'homme devient (ce fut le cas pour Pascal et pour Pasteur) en quelque façon créateur; il jouit de son œuvre tout le premier, et d'autant plus en jouit-il, si, avec les années, il voit ce qu'il a découvert pénétrer dans la vie de l'humanité. Ce fut la récompense de l'immense travail de Pasteur. Il en eut une autre encore, il entra dans la gloire de son vivant même. Vous vous rappelez la glorification de son œuvre en 1892, alors que les Académies du monde entier, que tous les princes de l'Europe et le Président de la République française se réunissaient dans le grand amphithéâtre de la Sorbonne, pour rendre le plus magnifique hommage à son génie et au bien qu'il avait procuré à l'humanité ! Quelle gloire peut surpasser cette apothéose du travail fécond de l'homme simple et modeste que fut toujours M. Pasteur ! Qui pourrait oublier cette belle journée dans laquelle la France s'est honorée elle-même en glorifiant un de ses plus nobles enfants ?

Mais, Messieurs, une satisfaction bien plus haute que celle de cette grande manifestation remplissait alors l'âme de Pasteur. Ému jusqu'aux larmes, l'illustre savant ne put prononcer que quelques paroles : « J'ai fait ce que j'ai pu ! » Parole bien grande celle-là ! J'ai fait ce que j'ai pu, c'est-à-dire, tout ce qu'il m'a été donné de pouvoir faire, ce que j'ai cru devoir faire ! J'ai fait ce que j'ai pu, j'ai employé toutes les forces que Dieu m'avait données, afin de pouvoir faire quelque bien ! C'est là, Messieurs, la plus haute récompense du travail accompli avec une conviction profonde et un amour réel de la vérité !

Cela me fait penser encore aux trois ordres de grandeur dont parle Pascal : La grandeur de la chair est inférieure à celle de l'esprit, et celle-ci à son tour est infiniment moindre que la grandeur morale. Il était réservé à Pasteur de montrer que, s'il fut l'un des plus grands par l'esprit, il fut aussi doué de la grandeur du cœur.

Il y a quelques années la petite ville d'Arbois voulut rappeler la naissance de son illustre concitoyen, en apposant une plaque commémorative sur la maison dans laquelle s'était passée son enfance. On avait invité M. Pasteur à honorer sa ville natale par sa présence à l'inauguration de ce modeste monument commémoratif. Il se rendit à l'invitation. Peut-être quelque esprit orgueilleux se fût-il trouvé humilié en voyant ainsi rappeler sa modeste origine; on se rappelle que J. B. Rousseau rougissait d'avoir eu pour père un cordonnier. M. Pasteur, au contraire, fut on ne peut plus heureux de saisir cette occasion pour rendre hommage à ses vieux et humbles parents. Je ne saurais mieux terminer cette conférence qu'en vous lisant les paroles si belles qu'il prononça à cette occasion sur le seuil de la maison paternelle qu'il avait quittée depuis tant d'années. Cette allocution peindra, bien mieux que je saurais le faire, la noblesse et les richesses morales que renfermait le cœur de l'illustre savant.

« Après avoir protesté contre les dehors éclatants d'une admiration que je ne mérite pas, laissez-moi vous dire que je suis touché et remué jusqu'au fond de l'âme. Votre sympathie a réuni sur cette plaque de marbre les deux grandes choses qui ont fait à la fois le charme et la passion de ma vie; l'amour de la science et le culte du foyer paternel.

« O mon père et ma mère ! ô mes chers disparus, qui avez si modestement vécu dans cette maison, c'est à vous que je dois tout. Tes enthousiasmes, ma vaillante mère, tu les as fait passer en moi. Si j'ai toujours associé la grandeur de la science à la grandeur de la patrie, c'est que j'étais imprégné des sentiments que tu m'avais inspirés. Et toi, mon cher père, dont la vie fut aussi rude que ton rude métier, tu m'as montré ce que peut faire la patience dans les longs efforts. C'est à toi que je dois la ténacité dans le travail quotidien. Non seulement tu avais les qualités persévérantes qui font les vies utiles, mais tu avais aussi l'admiration des grands hommes et des grandes choses. Regarder en haut, apprendre au delà, chercher à s'élever toujours, voilà ce que tu m'as enseigné. Je te vois encore, après ta journée de labeur, lisant le soir quelque récit de bataille qui te rappelait l'époque glorieuse dont tu avais été le témoin. En m'apprenant à lire, tu avais le souci de m'apprendre la grandeur de la France.

« Soyez bénis l'un et l'autre, mes chers parents, pour ce que vous avez été, et laissez-moi vous reporter l'hommage fait à cette maison ! »

Regarder en haut, Messieurs, que ce soit toujours notre désir et l'habitude de notre vie ! Poursuivons l'idéal, et que l'aspiration vers l'Infini, qui est Dieu même, nous tourmente sans cesse. Dieu est ; comme disait Victor Hugo :

« Il est, il est, il est, il est éperdûment ! »

Rendons-Lui gloire en regardant en haut, ne regardons jamais en bas. La vérité nous apparaîtra certainement ! « Elle vient de Dieu, et il la communique à quiconque la cherche sincèrement ! »

Je finis par ce mot de Pasteur. J'ai dit.

Clermont (Oise). — Imprimerie Daix frères, 3, place Saint-André.

www.ingramcontent.com/pod-product-compliance
Lightning Source LLC
Chambersburg PA
CBHW050717070726
47597CB00009B/3682